ANGLAIS

CM

You and me

Marta DVORAK
Agrégée de l'université
Jean-Claude SENTENAC
Certifié et Maître en Sciences
de l'éducation
Don WARD
Teaching Certificate Alsager
College of Education
Avec la collaboration
de Sylviane FIENNOT
Institutrice

Avant-propos

Comment votre livre d'anglais est fait et comment l'utiliser.

Votre livre comprend huit leçons construites sur le même modèle, précédées du sommaire et d'activités diverses pour un premier contact avec l'anglais, portant sur les sons, les mots, quelques expressions et bien sûr le pays.

Chaque leçon a la structure suivante :

Première et deuxième pages.

• and now what ? : dialogues pour vous faire comprendre les expressions que vous allez utiliser par la suite.

• new words : les mots nouveaux illustrés.

• it's your turn ! : après avoir entendu des anglais utiliser les mots nouveaux, ce sera à vous de le faire sur le même modèle ! Pour savoir comment procéder, regardez la page 10 !

Listening : avant d'aborder la troisième page, vous aurez à faire une activité enregistrée très importante, destinée à vous apprendre à bien écouter et comprendre l'anglais (exemple page 11).

Troisième et quatrième pages.

Une aventure dans une île magique avec le Professeur Crackpot et son perroquet Polly ! Grâce aux activités de la quatrième page, vous montrerez si vous avez bien compris le dialogue et si vous savez bien parler. Vous pourrez aussi vous servir des images pour vous exprimer plus librement.

Cinquième et sixième pages.

Des jeux de rôles pour vous exprimer de façon la plus naturelle possible. Vous pourrez les préparer par deux et les jouer ensuite devant vos camarades; mais aussi beaucoup de jeux, des chansons etc.

Septième et huitième pages.

Une page d'explications pour vous aider à refléchir sur l'anglais et sur le français aussi ! Les mots nouveaux traduits et des conseils pour la prononciation. Une dernière page enfin pour vous exprimer à partir de documents authentiques et faire en même temps la connaissance du monde anglo-saxon.

Les leçons sont enregistrées et vous trouverez le dessin

suivant **listen** pour vous le rappeler.

SOMMAIRE

Civilisation	Réactivation		
	Fonctions	Structures	Notions
Royaume-Uni : géographie			
Famille royale p. 21	Salutations		Prénoms
Moyens de transports (Angleterre et USA) p. 29	Présentations Salutations Surprise	Is – this That – who	Prénoms Membres de la famille
La journée d'un anglais à Londres p. 37	Présentations Approbation Désapprobation Surprise	Is – this	Prénoms Membres de la famille
Londres p. 45	Ordres Salutations Satisfaction	Who – that He – it – I To be	Nombres Objets personnels
Le monde anglo-saxon p. 53	Présentations Salutations Approbation Désapprobation	To be Pronoms sujets His – her – your A – an	Heures Membres de la famille Objets personnels Repas
Ecoliers anglais p. 61	Ordres Présentations Salutations	Article défini Article indéfini To be – Pluriel Pronoms sujets Where	Nombres Objets personnels
Sports p. 69	Accord-Désaccord Excuses Ordres	Adjectifs qualificatifs possessifs A – an Prépositions de lieu	Nombres Membres de la famille Objets personnels
Le monde anglo-saxon Coutumes-Populations p. 77	Salutations Accord – Désaccord Remerciements Excuses	This – that To be – have got There is – whose Génitif – Where	Age – Couleurs Heures – Objets Personnels Parties du corps Membres de la famille Vêtements

names

boys - girls

Robert	Bob	Mathew	Jennifer	Claire	Kate
David	Kevin	Peter	Kathy	Judy	Amanda
Mark	Philip	Christopher	Alexandra	Chris	Kelly
Chris	Simon	John	Sarah	Tessi	Anne
Tony	Andrew	Thomas	Joanna	Barbara	Shirley
Tom	Joe	Damien	Melissa	Sandy	Jane
William	Daniel	George	Karen	Victoria	Lorrina
Rick	Michael	Gareth	Stephanie	Elizabeth	Jessica
Harry		Alexander	Vicki	Kim	Anna

1° Ecoutez chacun de ces prénoms.

- Répétez-les après l'enregistrement.
- Fermez les yeux. Sans parler, répétez-les dans votre tête.
- Regardez votre livre. Pouvez-vous montrer du doigt à quel endroit le mot est prononcé avec plus de force ?

2° Choisissez un de ces prénoms. Si aucun ne vous convient, demandez à votre professeur.

play-time

let's sing !

The alphabet song

let's play !

Simon says

Simon says 'stand up'. Simon says 'sit down'.

Simon says 'close your eyes'. Simon says 'open your eyes'.

Simon says 'open your book'. Simon says 'shut your books'.

Listen to the cassette and do the game !

The words

A

B

C

D

E

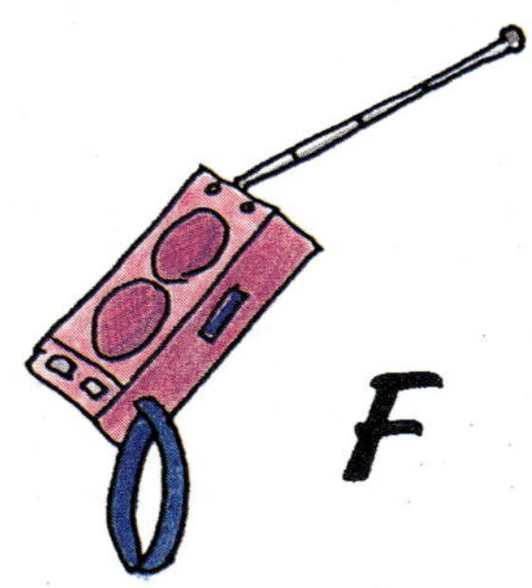

F

G

H

I

J

- Ecoutez bien la cassette. Vous allez entendre les noms des objets ou des personnages représentés dans ces deux pages.
  Chaque mot sera ensuite, répété séparement.
- Pouvez-vous alors toucher l'image correspondante et dire la lettre, en anglais bien sûr !

you know

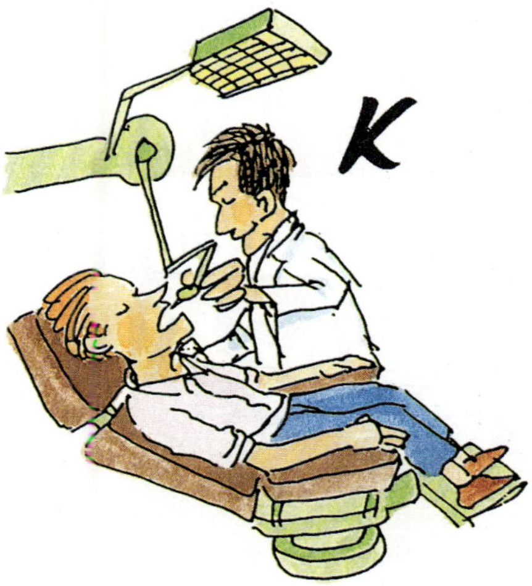

K

L

M

N

O

P

Q

R

S

T

U

V

W

and now what ?

- Ecoutez chacune de ces conversations et regardez bien les images pour en comprendre le sens.
- Répétez chaque phrase après l'enregistrement.
- Pour chacune de ces phrases, vous remarquez que la voix descend. Répétez et indiquez avec la main la courbe suivie par la voix.
- Lisez les dialogues avec vos voisins.

it's your turn !

Ecoutez bien la cassette. Vous allez entendre des enfants anglais se dire bonjour ou au revoir. Faites la même chose.

- d'abord avec votre voisin.

- ensuite avec les autres élèves.

listening !

Vous retrouverez cette activité importante après les deux premières pages de chaque leçon. Elle est accompagnée de grilles d'exploitation ou de dessins comme ci-dessous (voir le cahier d'exercices pour les leçons suivantes).

Ecoutez la cassette et faites correspondre les conversations aux images. Après chaque conversation, donnez la lettre de l'image correspondante.

A

B

C

let's sing !

Good morning.

Discover

Echelle
0
100 Miles
ATLANTIC
OCEAN
NORTHERN
IRELAND
Belfast
Dublin
EIRE
St George's

Great Britain

lesson 1

and now what ?

listen !

listen and repeat !

A. Hello, my name's Asterix ! What's your name ?
B. My name's Jessica.

new words. listen and repeat !

Robin – Peter – Tarzan – Jane – Mr. Smith – Mrs. Smith

it's your turn !

Regardez et écoutez ces enfants jouer.
A votre tour, faites comme eux, d'abord deux par deux :

puis avec tous vos camarades.

and now what ?

listen !

listen and repeat !

A. Who's this ?
B. This is my mother.

A. Who's that ?
B. That's Cheetah.

new words.

listen and repeat !

father brother sister son daughter

it's your turn !

Écoutez comment le petit singe et son père présentent leur famille, puis par groupes de six, jouez le rôle du fils ou de la fille d'une famille imaginaire et présentez-le à vos camarades.

try to understand !

listen !

yes, I understand.

listen !

who's speaking ?

As-tu bien écouté le dialogue de la page précédente ? Peux-tu dire qui a dit quoi ?

This is my father.

Yes, who's this ?

Your father ?

And that's my mother.

This is my parrot.

Very strange – very strange.

yes or no ?

This is my mother.

This is my sister.

This is my father.

This is my parrot.

listen !

correct Polly !

Écoute et corrige Polly.
Il parle trop machinalement.

action !

listen !

Cinq d'entre vous jouent le rôle des personnages de l'image ci-contre.

Un autre joue son propre rôle. Il arrive dans l'île, rencontre Jimmy, se présente et fait la connaissance de tous les personnages.

Lorsque vous aurez terminé, vous pourrez changer de rôle et bien sûr jouer devant toute la classe.

a. Hello, Mrs. Smith !

b. Oh, hello, Mr. Jackson ! Who's this ?

a. It's my son.

b. Hello, what's your name ?

c. My name's Robin.

a. And who's that ?

b. Oh, it's my daughter !

Par groupes de trois, imaginez une autre situation et un dialogue différent.

Help ! Jones – Ross – Sharp – Smith – Taylor – Barnes.

play-time

listen !

Écoutez ces enfants jouer et à votre tour faites comme eux !

rhyming time

let's sing !

Bingo !

GAME : Ask your teacher what to do !

as-tu appris ?

1. Comment demander le nom de quelqu'un :

What 's your name ?

What is your name ?

(Quel est ton nom ?)
Comment t'appelles-tu ?

Comment dire ton nom :

My name 's John.

My name is John.

(Mon nom est John.)
Je m'appelle John.

2. Comment interroger sur l'identité de quelqu'un :

Who 's this ?

Who is this ?

Qui est-ce ? (cette personne-ci).

This is my mother.

Voici ma mère.

Who 's that ?

Who is that ?

Qui est-ce ? (cette personne-là).

That 's my son.

Voilà mon fils.

3. Les pronoms démonstratifs :

En français

ce – ceci

ce – cela

En anglais

this : (désigne quelqu'un ou quelque chose près de celui qui parle).

that : (désigne quelqu'un ou quelque chose éloigné de celui qui parle).

4. Le pronom interrogatif WHO pour interroger sur les personnes.

say it right !

Tu as remarqué que Polly parle très machinalement : sa voix reste toujours à la même hauteur.

Par contre, quand Jimmy pose la question : **Who's this ?**, tu entends que sa voix descend. **C'est l'intonation normale pour une question qui commence par un pronom interrogatif.**

Tu as remarqué aussi que **dans une phrase affirmative la voix descend généralement**. Mais lorsque le professeur a été surpris, sa voix est remontée.

les mots que tu as appris

boy : garçon
brother : frère
daughter : fille
father : père
girl : jeune fille
mother : mère
name : nom
parrot : perroquet
sister : sœur
son : fils
strange : étrange
very : très

discover Great Britain

Queen Elizabeth

Prince Philip

mother — father

son — son

Prince Edward

husband — wife

son — daughter

Prince Andrew
father

Princess Anne
mother

Prince Charles
father

Princess Diana
mother

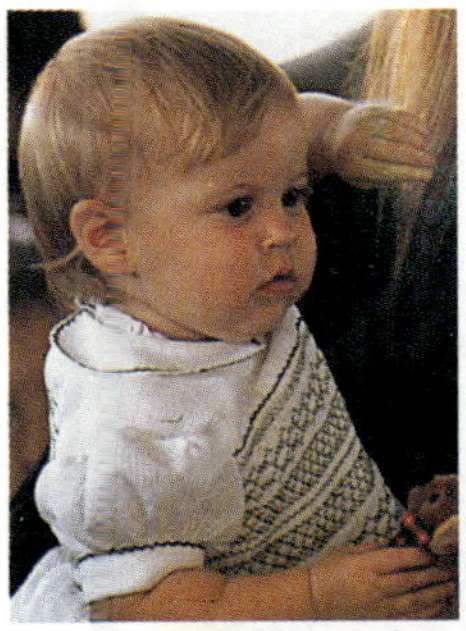

Beatrice

Peter **Zara**
sister

cousin

William **Henry**
brother

Who are you ?

- Regarde bien ces photos de la famille royale d'Angleterre.
- Qui est-ce que tu choisis d'être ?
- Présente-toi à tes camarades de classe, puis présente les nouveaux membres de ta famille.

lesson 2

and now what ?

listen !

listen and repeat !

A. What's his name ?
B. His name's Pinocchio.

A. What's her name ?
B. Her name's Martha.

new words.

listen and repeat !

Robert

Henry

Elizabeth

it's your turn !

Now do it with the class !

and now what ?

listen !

listen and repeat !

A. What's this ?
B. It's a boy.

A. What's that ?
B. It's a plane.

new words.

listen and repeat !

a book

a table

a radio

a ball

a car

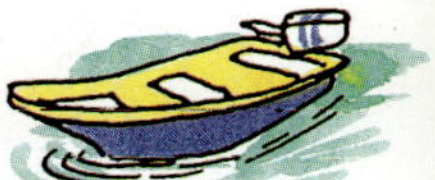
a boat

a cat

a dog

a bag

an exercise-book

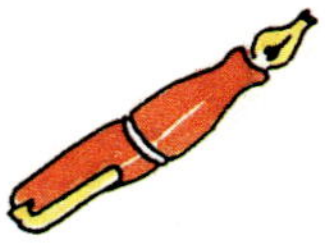
a pen

a tennis racket

it's your turn !

Ask and answer questions.

try to understand!

listen!

the adventures of professor Crackpot...

yes, I understand.

listen !

who's speaking ?

It's my brother.

What's her name ?

Sit down !

Hello, Professor Crackpot !

It's a pig... it's a pig...

What's that ?

yes or no ?

What's his name ?

It's a tree ! It's a tree !

Who's that ?

Her name's Hannah.

listen !

correct Polly !

lesson 2

action !

listen !

a. Hello, Karen !

b. Hello, Adrian. What's that ?

a. It's a present for you !

b. What is it ?

a. Guess !

b. Is it a cassette ?

a. No, it isn't.

b. Is it a record ?

a. No, it isn't.

b. Is it a book ?

a. Yes, it is.

Write the name of an object on a piece of paper. Fold it and play the game again !

a. Good morning, Jason !

b. Good morning, sir ! This is my brother.

a. What's his name ?

b. Jim.

a. Hello, Jim.

b. Hello, sir.

Now, imagine other conversations.

play-time

listen !

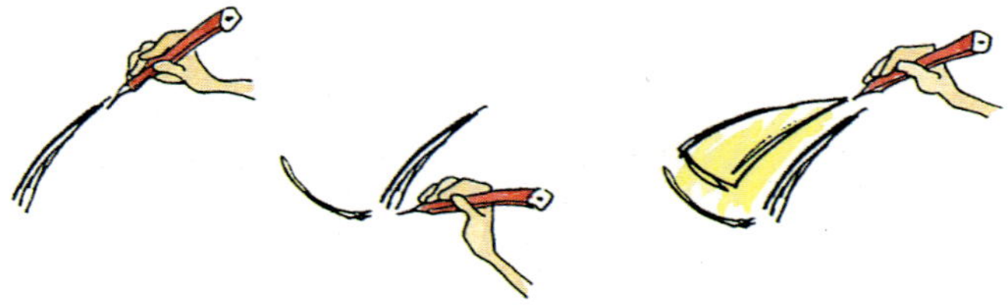

Now, what's this ?
It's a pen.
That's wrong.
It's a ball.
That's wrong.
It's a cake !
That's right.

Who's this ?
It's your mother.
No, it isn't.
It's your sister, then.
That's right. What's her name ?
Amanda ?
That's right.

rhyming time

What's that ? tick tack.
It's a clock, tock, tick.
What's his name ? tick, tack.
It's Mr. Clock, tack, tock.

let's sing !

Sally go round the sun !

GAME : Ask your teacher what to do !

as-tu appris ?

1. Comment demander le nom d'un garçon :

What	's	his	name	?
What	is	his	name	?

(Quel est son nom ?)
Comment s'appelle-t-il ?

Comment répondre :

His	name	's	Henry.
His	name	is	Henry.

(Son nom est Henry.)
Il s'appelle Henry.

Comment demander le nom d'une fille :

What	's	her	name	?
What	is	her	name	?

(Quel est son nom ?)
Comment s'appelle-t-elle ?

Her	name	's	Betty.
Her	name	is	Betty.

(Son nom est Betty).
Elle s'appelle Betty.

2. Les adjectifs possessifs à la troisième personne du singulier :

Remarque bien les différences entre le français et l'anglais.

En français

son : devant un nom masculin singulier.
sa : devant un nom féminin singulier.
ses : devant un nom pluriel.

Il s'accorde avec ce que l'on possède.

En anglais

his : le possesseur est masculin singulier.
her : le possesseur est féminin singulier.

Il s'accorde avec la personne qui possède.

What's his name ? :
on parle d'un garçon.

What's her name ? :
on parle d'une fille.

3. Le pronom interrogatif WHAT pour interroger sur les choses.

Ne confonds pas !

What's this ? : Qu'est-ce-que c'est ?
Who's this ? : Qui est-ce ?

4. La forme interrogative du verbe être :

Is it a record ? (Est-ce un disque ?)

Il suffit d'inverser le verbe et le sujet.

5. L'article indéfini :

En français

un : devant un nom masculin singulier.
une : devant un nom féminin singulier.
des : devant un nom pluriel.

En anglais

a : devant un nom singulier commençant par une consonne : *a d*og
an : devant un nom singulier commençant par une voyelle : *an e*xercise-book.

discover Great Britain and the USA

What's this ?

• Dites à vos camarades à quel drapeau correspondent ces photos. (Si vous avez besoin d'aide, regardez en bas de la page.)

a bus – a taxi – a policeman – a car

lesson 3

and now what ?

listen !

listen and repeat !

A. What time is it ?
B. It's four o'clock.
A. Oh, good ! It's time for tea.

new words.

listen and repeat !

1	2	3	4	5	6	7	8	9	10	11	12	13
one	two	three	four	five	six	seven	eight	nine	ten	eleven	twelve	thirteen

breakfast

lunch

tea

dinner

it's your turn !

Regardez et écoutez ces enfants qui jouent à la maîtresse. Maintenant faites comme eux, d'abord 2 par 2, puis avec tous vos camarades. N'oubliez pas de préciser quand cela correspond à une heure de repas !

and now what ?

listen !

listen and repeat !

It's one o'clock in the morning.
She's tired.

It's eight o'clock in the morning.
He's hungry.

new words.

listen and repeat !

thirsty

hot

cold

happy

it's your turn !

Regardez et écoutez ces enfants qui font deviner leur message à leurs camarades en mimant !
A votre tour, faites comme eux, d'abord 2 par 2, puis avec tous vos camarades.

try to understand!

listen !

Crackpot Polly Jimmy teacher

the adventures of professor Crackpot...

yes, I understand.

listen !

who's speaking ?

Time for tea ! Time for tea !
She's the Lollipop lady. She's super !
It's lemonade time !
He's great !
How do you do !
Good evening, Jimmy.
At twelve o'clock, it's lunch time.

yes or no ?

This is my magic teacher. He's great !

It's eight o'clock in the evening.

It's lunch time.

It's time for dinner.

listen !

correct Polly !

lesson **3**

action !

listen !

a. Oh... What time is it ?

b. Eight o'clock !

a. In the morning or in the evening ?

b. In the evening.

a. Great ! It's time for lunch !

• Now it's your turn. Invent different dialogues.

a. Hi, William !

b. Hi, Harry. This is my friend, Steven.

a. Oh, he's cold.

b. No, he's very cold !

Invent another dialogue.
Don't forget to use :

thirsty – hungry – happy – hot

play-time

listen !

What time is it ?
It's twelve o'clock.
No, that's wrong !
It's eight o'clock then.
Yes, that's right.

Now do the same. Change the time !

Listen to the cassette and do the same thing.

Ex. It's seven o'clock in the morning. It's time for breakfast.

rhyming time

Hickory, dickory, dock.
A mouse ran up the clock.

The clock struck one.

The mouse ran down.

Hickory, dickory, dock.

let's sing !

Oranges and lemons

GAME : Ask your teacher what to do !

as-tu appris ?

1. Comment demander l'heure juste :

What | time | is | it | ?

Quelle heure est-il ?

Comment dire l'heure :

It | 's | four | o'clock.

Il est quatre heures.

2. Comment exprimer la satisfaction :

Good ! | Lovely ! | Great ! | Super !

(Chouette ! Formidable !...)

3. Comment saluer quelqu'un le soir :

Good evening !

Bonsoir !

Comment un adulte salue un autre adulte qu'il ne connaît pas :

How | do | you | do | !

Enchanté !

4. Les pronoms personnels sujets à la troisième personne du singulier :

Remarque bien les différences entre le français et l'anglais.

En français

il : masculin.
elle : féminin.

En anglais

he : masculin.
she : féminin.
it : neutre (pour les choses et les animaux).

En anglais, les objets n'ont pas de genre.

Fais bien attention aux expressions suivantes :

En français	En anglais
Il *a* soif	He *is* thirsty
Il *a* faim	He *is* hungry
Il *a* froid	He *is* cold
Il *a* chaud	He *is* hot

say it right !

Tu trouves ici les deux types principaux d'intonation :

1. L'intonation descendante :

- pour la question, **What time is it ?** qui est une question ouverte.
- pour saluer quelqu'un : **Good evening !**

2. L'intonation montante pour une question fermée : is it eight o'clock ?

Remarque aussi que celui qui parle accentue le ou les mots qui sont importants pour lui : **He's** *very* cold.

les mots que tu as appris

breakfast : petit déjeuner – **dinner** : dîner – **happy** : content – **in the morning** : le matin – **in the afternoon** : l'après-midi – **in the evening** : le soir – **lunch** : déjeuner – **lunch time** : l'heure du déjeuner – **lollipop lady** : dame qui fait traverser la rue aux enfants – **magic teacher** : professeur de magie – **then** : alors – **tired** : fatigué.

discover Great Britain

What time is it ?

- Regardez bien ces photos de Londres. A quelle heure se situent-elles dans la journée d'un Anglais ?

lesson **4**

and now what ?

listen !

listen and repeat !

A. Excuse me, where is the tennis court ?
B. It's beside the school.

A. Excuse me, where is the school ?
B. It's behind the tennis court.

new words.

listen and repeat !

at the tennis court

at school

at the cinema

at the post office

it's your turn !

Regardez le plan et écoutez cet enfant qui cherche son camarade. Maintenant imaginez que vous cherchez votre correspondant anglais et que vous interrogez sa mère.

and now what ?

listen !

listen and repeat !

A. Where are the girls ?
B. They're in the living-room.

A. Where are the girls ?
B. I don't know.

new words.

listen and repeat !

the kitchen

the living-room

the bathroom

the bedroom

the garden

it's your turn !

Regardez et écoutez cet enfant qui fait deviner la réponse en mimant et en faisant du bruitage. A votre tour, faites la même chose, d'abord 2 par 2, ensuite en grand groupe. Si vous ne devinez pas, vous savez quoi dire, maintenant !

lesson 4

try to understand !

listen !

the adventures of professor Crackpot...

yes, I understand.

listen !

who's speaking ?

I'm thirsty.
I don't know.
Where's Professor Crackpot ?
Er... I'm not sure.
Who's that ?
Oh, he's very thirsty !

yes or no ?

They're at the lemonade fountain.

Ah, that's Mike and Jimmy !

He's behind the fountain.

He's behind you !

listen !

correct Polly !

action !

listen !

a. Good morning, children !

Class. Good morning, sir !

a. Mary, where are Peter and John ?

b. I don't know, sir.

a. Mark, where are John and Peter ?

c. Er... They're under the table, sir.

a. John and Peter, come here ! Oh... Where's my bag ?

- **Now go on !**
- **Invent another dialogue.**

a. Er... Where are we ?

b. I'm not sure... Ah, yes... we're in York.

a. Great !
...

c. Tickets, please !

a. Oh, where are they ? I don't know.

b. Look !

a. Oh, yes, they're in my pocket !

Other possibilities.

in – on – behind – London – Cardiff – Edinburgh – Belfast – Dublin – Dover – Glasgow.

play-time

Listen to the cassette and complete this map.

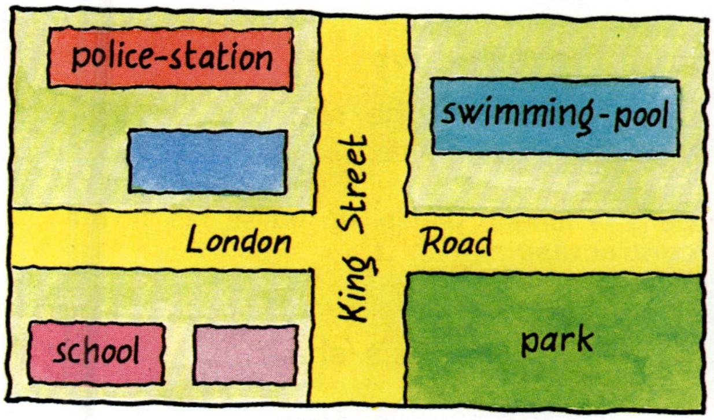

SECRET MAP.

Draw the map in your copy-book. Then fill it in. Your friends can ask you ten questions to discover your secret map.

listen !

rhyming time

1,2 fasten my shoe.

3,4 knock on the door.

5,6 pick up sticks.

7,8 close the gate.

9,10 a big fat hen.

let's sing !

My Bonnie.

as-tu appris ?

1. Comment demander où se trouve quelqu'un ou quelque chose :

Where 's the tennis court ?

Où est le court de tennis ?

Comment répondre :

It 's beside the school.

Il est à côté de l'école.

2. Comment exprimer l'incertitude :

I don't know.

Je ne sais pas

I 'm not sure.

Je n'en suis pas sûr.

3. Certaines prépositions de lieu :

beside : à côté de – behind : derrière.

under : dessous – in : dans.

at : à.

4. Les pronoms personnels sujets we (nous) et they (ils, elles) :

5. Le pluriel des noms :

on ajoute un « s ».

the boys les garçons

6. Toutes les personnes du verbe être :

Forme affirmative

I am – you are – he/she/it is – we are you are – they are.

Dans la langue parlée, on utilise **les formes contractées** :

I'm – you're – he's/she's/it's – we're you're – they're.

Forme négative

On met not après le verbe :

I am not – you are not – he/she/it is not we are not – you are not – they are not.

Forme contractée

I'm not – you're not – he's/she's/it's not we're not – you're not – they're not.

Forme interrogative

Il suffit d'inverser le verbe et le sujet :

Am I English ? (vous me demandez si je suis anglais ?)
Are you ?
Is he/she/it ? – Are we/you/they ?

7. L'article défini :

En français

le : devant un nom masculin singulier.
la : devant un nom féminin singulier.
les : devant un nom pluriel.

En anglais

Toujours the
- **the boy :** *le* garçon.
- **the girl :** *la* jeune fille.
- **the girls :** *les* jeunes filles.

discover Great Britain

a

b

c

d

a **10 Downing Street**
b **Westminster Abbey**
c **Horse Guard**
d **Trafalgar Square**
e **Buckingham Palace**
f **British Museum**

e

f

Where is it ?

- Tu es un touriste à Londres. Demande à un passant (un de tes camarades) où se trouve un des monuments que tu veux voir. Ton professeur te l'expliquera grâce à une carte ou avec le cahier d'exercices.
(Where is St Paul's Cathedral ? ⇒ It's on cannon Street.)
- Pense aux prépositions utiles pour situer = behind, beside.

lesson 5

and now what ?

listen !

listen and repeat !

A. Hello, I'm French. Where are you from ?

B. I'm English. I'm from Liverpool.

A. Is he English ?

B. No, he's Scottish. He's from Aberdeen.

new words.

listen and repeat !

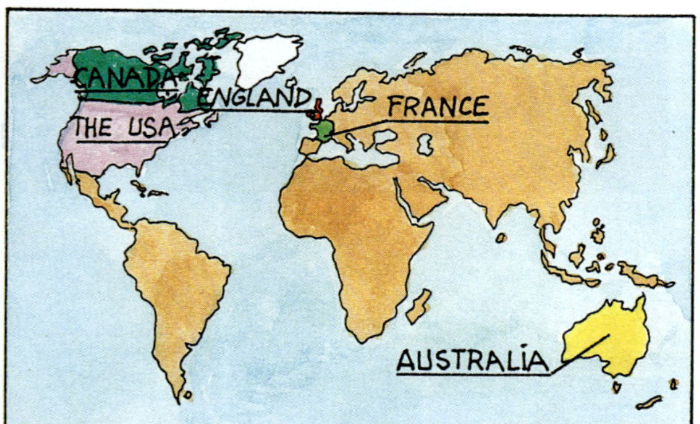

He's American.
He's from the USA.

It's Australian.
It's from Australia.

it's your turn !

Regardez et écoutez ces enfants anglais. A votre tour, montrez la photo d'une vedette que vous aurez apportée en classe, et demandez à vos camarades d'où elle vient.

Ils vous diront sa nationalité et son pays ou sa ville d'origine. (Si vous n'avez pas de photo, dites juste son nom.)

and now what ?

listen !

listen and repeat !

A. How old are you ?
B. I'm five.

A. My children are nine.

new words.

listen and repeat !

13	14	15	16	17	18	19	20
thirteen	fourteen	fifteen	sixteen	seventeen	eighteen	nineteen	twenty

a child

children

it's your turn !

Regardez et écoutez ces enfants qui parlent de leur famille. A partir de photos que vous aurez apportées en classe, parlez de vos frères et sœurs.

try to understand !

listen !

the adventures of professor Crackpot...

yes, I understand.

listen !

who's speaking ?

I'm not a child !

I'm 52. How old are you ?

I'm from Australia.

My name's Anthony Adams.

No, I'm not English.

Look !

yes or no ?

Professsor Crackpot is a child.

Oh, hello, mum !

Of course, you're English !

I'm from Edinburgh.

listen !

correct Polly !

action !

listen !

a. Are you English ?

b. No, I'm not.

a. Are you Australian ?

b. No, I'm not.

a. Where are you from, then ?

b. Look !

a. Oh, you're from New York.

b. That's right !

Look at page 53. Draw an object and play the game again.

a. Good afternoon.

b. Oh, good afternoon, sir.

a. What's your name ?

b. Jason Lester.

a. OK, Jason. How old are you ?

b. I'm seventeen.

a. Seventeen, really ? And how old are you ?

c. I'm fifteen, sir.

a. Right. Oh... you're American. Where are you from ?

c. I'm from Chicago.

a. OK, goodbye.

Now, imagine other conversations.

play-time

listen !

- Don't say yes or no !

- Listen to the cassette and do the same thing.

rhyming time

Eenie meenie minie moe.
Catch a tiger by the toe.
Eenie meenie minie moe.
When it shouts let it go.

let's sing !

If you're happy !

GAME : Ask your teacher what to do !

as-tu appris ?

1. Comment interroger quelqu'un sur son origine :

Where are you from ?

D'où es-tu ?

Comment répondre :

I 'm from London.

Je suis de Londres.

2. Comment interroger quelqu'un sur sa nationalité :

Are you English ?

Es-tu anglais ?

Comment répondre :

Yes, I am : oui

No, I 'm not : non

3. Comment interroger quelqu'un sur son âge :

How old are you ?

Quel âge as-tu ?

Comment répondre :

I 'm ten . (I am ten).

J'ai dix ans.

4. Comment s'excuser :

Sorry : désolé !

Terribly sorry : vraiment désolé (familier)

5. Les adjectifs attributs :

Attention : ils sont invariables, ils ne prennent jamais de s au pluriel, et ils ne prennent pas la marque du masculin et du féminin.

Is he English ? Est-il anglais ?

Is she English ? Est-elle anglaise ?

Are they American ?

Sont-ils américains ?

say it right !

Tu retrouves les deux types principaux d'intonation :

1. L'intonation descendante :

Where are you from ?

How old are you ?

2. L'intonation montante :

Is he English ?

Fais bien attention à quel endroit chaque mot est accentué :

Children : **1re syllabe.**
American : **2e syllabe.**
Aberdeen : **3e syllabe.**

les mots que tu as appris

American : américain – **Australian :** australien – **Canada :** Canada – **child :** enfant – **children :** des enfants* – **England :** Angleterre – **English :** anglais – **France :** France – **Ireland :** Irlande – **mum :** maman – **near :** près de – **Scotland :** Ecosse – **Scottish :** écossais – **the USA :** les États-Unis d'Amérique.

* (Attention : c'est un pluriel irrégulier)

The English speaking World

Cowboy hat
Kilt
Kangaroo
The Tower of London Guard (Beefeater)
Boat near Niagara Falls
The Loch Ness monster

Where is it from ?

- Trouvez la bonne légende pour chaque photo, puis dites à vos camarades d'où viennent ces objets.
- Une des réponses, surprenante, se trouve en bas de page.

(Ex. : the Statue of Liberty is from...)

The Statue of Liberty is from France. (Mais oui, c'est la France qui l'a offerte aux U.S.A. en 1885).

lesson 6 and now what ?

listen !

listen and repeat !

A. It's time for bed. Wash your face and hands, and brush your teeth.
B. All right, mum.

new words. listen and repeat !

to put your hand in your pocket.

right

left

it's your turn !

Ecoutez et regardez ces enfants qui jouent une nouvelle variation de Simon Says. A votre tour de jouer maintenant, d'abord en suivant la cassette, ensuite en suivant les ordres de votre professeur et/ou d'un de vos camarades. (Il faut garder la position des mains et des pieds jusqu'à nouvel ordre.)

and now what ?

listen !

listen and repeat !

A. What colour is your pullover ?
B. It's red.
A. What colour are your trousers ?
B. They're orange.
A. Ugh ! That's horrible !

A. Look ! There's a white pullover.
B. Ugh !
A. There are two brown pullovers.
B. Ugh.

new words. **listen and repeat !**

a shirt

a coat

a jacket

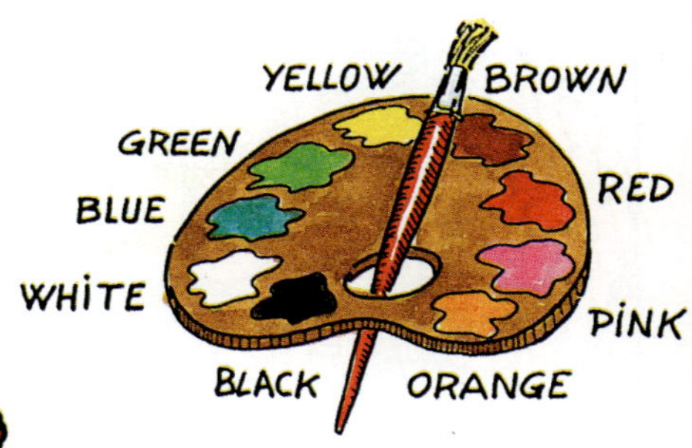

a dress

a skirt

shoes

it's your turn !

Regardez et écoutez ces enfants qui jouent. A tour de rôle, après avoir fait un petit tour de la classe pour bien observer la façon dont vos camarades sont habillés, allez devant un groupe ou devant la classe et faites deviner à qui vous pensez. (Dites d'abord si c'est une fille ou un garçon.)

try to understand !

listen !

the adventures of professor Crackpot...

yes, I understand.

listen !

who's speaking ?

Oh, no ! What colour are they ?

This is very important.

Professor, this is Miss Pi, my maths teacher.

Twelve o'clock. Time for the blue pills.

876 543...

There are two rectangles under his eyes.

yes or no ?

876 543... Professor Crackpot speaking.

There's a triangle on his nose.

Yellow spots ! Dear me !

Take the blue pills with breakfast.

listen !

correct Polly !

action !

listen !

a. Good afternoon, young man.

b. Good afternoon, sir. It's for my pullover.

a. Your pullover ?... What colour is it ?

b. Well... it's black.

a. There are two black pullovers.

b. Yes, but there are red triangles on my pullover.

a. Here it is.

b. Thank you.

Draw these pictures and others and change the colours.

Listen to the cassette and do the same thing.

play-time

listen !

What's missing ?

A. Look ! There's a black cat,
a white dog, a red ball,
a blue pullover and a green bag...
Now what's missing ?

B. The black dog.
A. No, there's no black dog.
B. Ah, the white dog !
A. That's right.

rhyming time

A rhyme to stop the rain.
Try it !

Rain on the green grass
And rain on the tree,

Rain on the house-top,
But not on me.

let's sing !

London bridge

GAME Ask your teacher what to do !

as-tu appris ?

1. Comment demander la couleur d'un objet :

What colour is your pullover ?

De quelle couleur est ton pullover ?

Comment répondre :

It 's red.

Il est rouge.

Attention :

What colour *is* his hair ?

Quelle est la couleur de ses cheveux ?

Le nom hair est singulier en anglais. Le verbe se met donc au singulier.

2. Comment exprimer ton accord :

You're right – All right – OK.

3. Comment exprimer la surprise ou la déception.

Oh, no ! – Dear me !

4. Comment dire ce qu'il y a :

There is devant un singulier.

There is a white pullover.

Il y a un pullover blanc.

There are devant un nom pluriel.

There are spots on your face.

Il y a des taches sur votre figure.

5. Les adjectifs épithètes :

En français

Les cachets bleu**s**.
Il y a des triangles rouge**s** et vert**s**.

En anglais

The blu**e** pills.
There are re**d** and gree**n** triangles.

Tu remarques qu'en anglais, l'adjectif épithète se place toujours avant le nom et est invariable.

say it right !

Rappel : l'intonation est très importante pour marquer la surprise : **Oh, no !**.

On utilise l'intonation descendante pour la question : **What colour is it ?**

Quand Jimmy insiste sur la couleur des cachets, c'est le nom de couleur qui est accentué : No, Professor, the **green pills.**

Dans une énumération, la voix ne descend que sur le dernier mot :
Take the blue pills with breakfast, the green pills with lunch, and the yellow pills with dinner.

les mots que tu as appris

arm : bras – **bed** : lit – **black** : noir – **blue** : bleu – **brown** : marron – **to brush** : brosser – **coat** : manteau – **ear** : oreille – **eye** : œil – **face** : visage – **foot** : pied – **green** : vert – **hair** : cheveux – **important** : important – **hand** : main – **head** : tête – **horrible** : horrible – **jacket** : veste – **left** : gauche – **leg** : jambe – **nose** : nez – **orange** : orange – **pink** : rose – **pill** : cachet – **pullover** : pullover – **to put** : mettre – **red** : rouge – **rectangle** : rectangle – **right** : droite – **shirt** : chemise – **spot** : tache – **tooth (pl. teeth)** : dent – **triangle** : triangle – **trousers** : pantalon – **to wash** : laver – **white** : blanc – **yellow** : jaune.

discover Great Britain

One of London's colleges
in front of the Houses of Parliament

Schoolboys in Cambridge

Cheltenham ladies college

Two schoolboys in Salisbury

British Schoolchildren : what colour are their uniforms ?

- Voici des écoliers britanniques de quatre écoles différentes.
- Demandez à vos camarades la couleur des vêtements qui constituent leur uniforme.

lesson 7

and now what ?

listen !

listen and repeat !

A. Have you got a banana ?
B. Yes, here's a banana.
A. Thank you.

A. How many bananas have you got ?
B. Er, um... I've got three.

new words.

listen and repeat !

a computer

a doll

a record

a bike

it's your turn !

Regardez et écoutez ces enfants jouer.
A votre tour, écrivez sur un petit papier votre nom, le nombre et le nom de vos frères et sœurs. Notez aussi si vous avez des chiens ou des chats. A tour de rôle, tirez un des papiers pliés et mélangés, répondez aux questions, et faites deviner de qui il s'agit. Vous pouvez vous inspirer de ces colonnes :

Has he/she got	a brother/sister/dog ?
	a red/white bike ?
Yes, he/she has.	blue/brown eyes ?
No, he/she hasn't.	clark/pair hair ?

and now what ?

listen !

listen and repeat !

A. Hello, Janet? This is Helen. I've got a new Michael Jackson record.

B. Oh, good. I like his music.

A. He plays football!

B. She plays tennis!

new words.

listen and repeat !

to play the piano

to play games

to go to school

to go swimming

to go skiing

to read

to watch TV

it's your turn !

Regardez et écoutez ces enfants jouer. A tour de rôle, dessinez une activité que vous aimez faire pendant votre temps libre et faites deviner de quoi il s'agit.

lesson 7

try to understand !

listen !

the adventures of professor Crackpot...

yes, I understand.

listen !

who's speaking ?

Look at my new shoes !

Professor Crackpot is silly !

I play computer games every day.

How many have you got ?

I've got a present for you.

It doesn't matter ! It's not important.

yes or no ?

They are magic shoes.

It's a plane, but it hasn't got an engine.

I go skiing on the sea.

Hey, look everybody ! We've got a new satellite.

listen !

correct Polly !

lesson **7**

action !

listen !

a. Is it a boy or a girl ?
b. It's a girl.
a. She's in this room ?
b. That's right !
a. Has she got a blue pullover ?
b. No, she hasn't.
a. Has she got a green pullover ?
b. Yes, she has.
a. Has she got long hair ?
b. Yes, she has.
a. Is she behind Patrick ?
b. No, she isn't.
a. Is she beside Susan ?
b. Yes, she is.
a. It's Karen Lester.
b. That's right.

---

a. What have you got in your case, sir ?
b. Er... I've got records for my children. They like music. And ... I ... I've got tea for my wife.
a. Open your case, please ! Oh, I see. You've got six bottles of whisky, twenty packets of cigarettes...
b. Oh, I'm sorry, sir.
a. Yes, what's your name ?

- **Continue the dialogue.**
- **Imagine another conversation.**

a bottle of perfume – a bottle of wine – a camera – a watch –

play-time

listen !

What do I take on my trip ?

rhyming time

Baa baa black sheep
Have you any wool ?
Yes sir, yes sir
Three bags full
One for the master and
One for the dame and
One for the little boy
Who lives down the lane

let's sing !

Looby loo

GAME : Ask your teacher what to do !

as-tu appris ?

1. Comment interroger sur la quantité :

How many bananas have you got ?

Combien de bananes as-tu ?

Comment répondre :

I 've got three.

J'en ai trois.

2. Le verbe avoir :

Forme affirmative		Forme contractée	
I	have got	I've	got
you	have got	you've	got
he	has got	he's	got
she	has got	she's	got
it	has got	it's	got
we	have got	we've	got
you	have got	you've	got
they	have got	they've	got

Forme négative		Forme contractée	
I	have not got	I	haven't got
you	have not got	you	haven't got
he	has not got	he	hasn't got
she	has not got	she	hasn't got
it	has not got	it	hasn't got
we	have not got	we	haven't got
you	have not got	you	haven't got
they	have not got	they	haven't got

Forme interrogative

Have I got... ?
have you got... ?
has he got... ?
has she got... ?
has it got... ?
have we got... ?
have you got... ?
have they got... ?

3. Comment dire ce que tu aimes, comment parler de tes habitudes :

I like tennis.

J'aime le tennis.

I play football.

Je joue au foot.

Dans ces phrases, le verbe est au présent simple. Ce temps est très facile à conjuguer :

I like – you like – he/she/it likes – we like – you like – they like.

Comme tu le vois, il suffit d'ajouter un s à la troisième personne du singulier.

4. Comment remplir les silences :
Er... Um... Well...

say it right !

Tu retrouves ici les deux types principaux d'intonation appliqués à des nouvelles structures :

1. **Intonation montante** : Have you got a banana ?
2. **Intonation descendante** : How many bananas have you got ?

les mots que tu as appris

bike : bicyclette – **biscuit** : biscuit – **bottle** : bouteille – **camera** : appareil photo – **cloud** : nuage – **game** : jeu – **idea** : idée – **interesting** : intéressant – **new** : nouveau – **orange** : orange (fruit) – **pair** : paire – **perfume** : parfum – **play (to)** : jouer – **problem** : problème – **read (to)** : lire – **record** : disque – **sandwich** : sandwich – **satellite** : satellite – **school** : école – **shoe** : chaussure – **silly** : idiot – **ski (to)** : faire du ski – **swimming** : natation – **watch (to)** : regarder – **wine** : vin.

discover Great Britain and the USA

six players

nine players

four players

eleven players

four players

nine players

Who plays these sports ?

- Trouvez la bonne légende pour chaque photo.
- Dites à vos camarades dans quel pays les gens jouent à ces sports (Ex. : People in the USA play...). (Si nécessaire, vous trouverez des indices en bas de la page.)
- Demandez à vos camarades combien de personnes jouent dans une équipe de tel ou tel sport.

hockey + curling = Canada ; baseball + football = the USA ; cricket + polo = England.

lesson **8**

and now what ?

listen !

listen and repeat !

A. Whose car is that, Peter ?
B. It's my uncle's car.

A. Whose bike is that ?
B. It's Peter's bike.

new words.

listen and repeat !

a house

a camera

a toy

it's your turn !

Regardez bien la chambre de Diana, et écoutez le début de sa conversation avec Linda.
Imaginez la suite et jouez tout le dialogue devant la classe.

and now what?

listen!

listen and repeat!

A. Do you want to go swimming?
B No, I don't.

A. Does he play tennis?
B. Yes, he does.

new words.

listen and repeat!

to work

to help

to make a cake

to buy the newspaper

to eat

to drink

it's your turn!

Voici l'agenda de Tom, où il écrit ce qu'il fait habituellement, tous les jours de la semaine. Ecoutez le début de sa conversation avec Michael, et imaginez la suite avec un de vos camarades, puis jouez-la devant la classe.

try to understand!

listen!

the adventures of professor Crackpot...

yes, I understand.

listen !

who's speaking ?

Whose case is this ?

I don't think so.

We want to come.

Do you want to take me ?

Anthony, where are you ?

See you soon !

yes or no ?

It's Jimmy's case.

We don't want to come !

Whose shoe is that ?

I want to go home.

listen !

correct Polly !

action !

listen !

What is the elephant ?

a. Have you got an elephant ?
b. Yes, I have.
a. Is your elephant in the classroom
b. No, it isn't
c. Is there an elephant in the classroom ?
b. Yes, there is.
c. Do you go to school with your elephant ?
b. Sometimes.
c. Do you read your elephant ?
b. No, I don't.
d. Do you play with your elephant ?
b. Yes, I do.
d. Is the elephant yellow ?
b. Yes, it is.
d. Is there an elephant in the teacher's bag ?
b. No, I don't think so.
e. Is there an elephant in your bag ?
b. Yes, there is.
e. Oh, it's a ball.
b. That's right.

---

a. Hi ! Whose birthday is it ?
b. It's William's.
a. How old are you, William ?
c. I'm 10.
a. And whose computer is this ?
c. It's my computer. It's a birthday present.
a. Happy birthday, William !

play-time

listen !

Listen to the cassette and then play the same game.
Ask your teacher what to do ask and only questions starting with 'does' !

rhyming time

Solomond Grundy
Born on Monday
Christened on Tuesday
Married on Wednesday
Took ill on Thursday
Worse on Friday
Died on Saturday
Buried on Sunday
This is the end of Solomund Grundy

let's sing !

The Mulberry Bush

as-tu appris ?

1. Comment demander à qui appartient quelque chose :

Whose | car | is | that | ?

A qui est cette voiture ?

Comment répondre :

It | 's | my | uncle | 's | car.

C'est la voiture de mon oncle.

2. Comment dire au revoir :

Bye-bye – See you soon (à bientot).

3. Le génitif :

On utilise le génitif pour exprimer la possession :

En français, on dit : la voiture de mon oncle.

En anglais : my uncle's car.

Pour construire le génitif, on procède de la façon suivante :

possesseur | 's | objet possédé

Anthony | 's | case

La valise | d' | Anthony

Tu as remarqué aussi qu'à la question : Whose case is that ? Jimmy a répondu : It's the Professor's. Il n'a pas répété le mot "case".

4. La forme interrogative du présent simple :

On la formule de la façon suivante :

Do | sujet | verbe sans to...

Do | you | play | with | your | elephant | ?

Attention à la troisième personne du singulier :

Does | sujet | verbe sans to...

Does | he | like | music | ?

5. La forme négative du présent simple :

On la formule de la façon suivante :

Sujet | don't | verbe sans to

A la troisième personne du singulier, bien sûr, on remplacera don't par doesn't.

I | don't | like | tennis.

She | doesn't | like | football.

say it right !

1. Intonation descendante :

Whose car is that ?

2. Intonation montante :

Does he play tennis ?

les mots que tu as appris

buy (to) : acheter – **classroom** : salle de classe – **dad** : papa – **drink (to)** : boire – **eat (to)** : manger – **elephant** : éléphant – **go shopping (to)** : faire les courses – **grandmother** : grand-mère – **help (to)** : aider – **house** : maison – **lesson** : leçon – **make (to)** : faire fabriquer – **newspaper** : journal – **toy** : jouet – **work (to)** : travailler.

Les jours de la semaine :
Monday : lundi – **Tuesday** : mardi – **Wednesday** : mercredi – **Thursday** : jeudi – **Friday** : vendredi – **Saturday** : samedi – **Sunday** : dimanche.

Les expressions :
I don't think so : je ne crois pas – **I don't understand** : je ne comprends pas.

discover Great Britain and the USA

Whose ball is this ?

• A tour de rôle, demandez à vos camarades qui va avec qui. Grâce aux images, ils trouveront la solution.

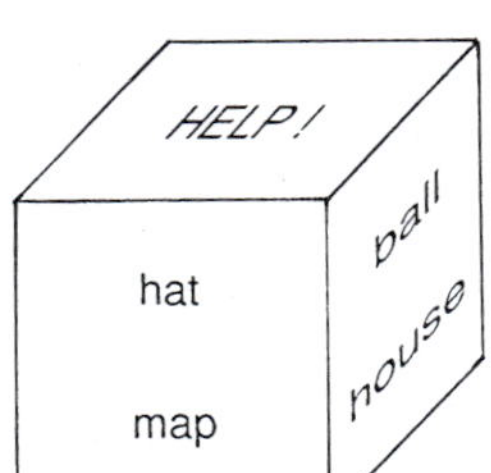

TEXTES DES

Lesson One

Picture 3

Polly : Who's this ? – **Professor Crackpot :** I don't know !

Picture 5

Jimmy : Hello, my name's Jimmy. – What's your name ? **Professor Crackpot :** My name's Professor Crackpot.

Picture 6

Jimmy : Who's this ? – **Professor :** This is my parrot, Polly.

Picture 7

Polly : Who's this ? – **Professor :** Yes, who's this ? **Jimmy :** It's my sister.

Picture 8

Jimmy : This is my father. – **Professor :** Your father ?

Picture 9

Jimmy : And that's my mother. – **Polly :** Very strange ! very strange !

Lesson two

Picture 2

Professor : Who's this ? – **Jimmy :** It's my brother, Joe.

Pictures 3-4

Professor : Who's this ? – **Jimmy :** It's my friend. **Professor :** Who's that ? – **Jimmy :** It's my friend.

Picture 6

Tom : Hello, Professor Crackpot. – **Professor :** What's his name ? – **Jimmy :** his name's Tom. – **Professor :** Hello, Tom.

Picture 7

Leah : Hello, Professor Crackpot ! – **Professor :** What's her name ? – **Jimmy :** her name's Leah.

Picture 8

Professor : What's that ? – **Jimmy :** A tree. – **Professor :** A tree ! – **Polly :** A tree, a tree, a tree... – **Jimmy :** Yes, it's a chair-tree.

Picture 9

Jimmy : Sit down !

Picture 10

Professor : What's this ? – **Jimmy :** It's a pig – **Polly :** It's a pig, it's a pig, it's a pig...

Lesson three

Picture 2

Professor : Five o'clock ! Good ! It's time for tea ! – **Polly :** Time for tea, time for tea...

Picture 3

Professor : Oh, in England, it's seven in the morning. Time for breakfast ! – **Polly :** Breakfast, breakfast...

Picture 4

Professor : At eight, it's time for school.

Picture 5

Teacher : Good evening, Jimmy. – **Jimmy :** Good evening, sir. Professor, this is my magic teacher. He's great ! **Professor :** How do you do !

Picture 6

Professor : Ah, yes, now at twelve o'clock, it's lunch time. **Polly :** Lunch time, lunch time... – **Jimmy :** Yes, lovely !

Picture 7

Woman : Jimmy, it's lemonade time ! – **Jimmy :** she's the lollipop lady. She's super ! – **Professor :** The lollipop lady ?

Picture 8

Professor : Ah, yes the lollipop lady.

Picture 9

Professor : Ah, dinner time – Jimmy ? Jimmy ?

Lesson four

Picture 2

Professor : Oh, hello, Joe. Where's Jimmy ? – **Joe :** I don't know.

Picture 3

Professor : Excuse me. Where's Jimmy ? – **Tommy :** Jimmy ? he's behind you – **Polly :** he's behind you ! he's behind you !

Picture 4

... hi, Jimmy ! hello, Professor Crackpot ! – **Professor :** Who's that ? – **Jimmy :** Er... I'm not sure.

Picture 5

Jimmy : Ah, that's Mike and Jackie.

Picture 6

Professor : Where are they ? – **Jimmy :** They're at the lemonade fountain. Come on, Professor !

Picture 7

Professor : I'm thirsty. – **Polly :** I'm thirsty ! I'm thirsty ! I'm thirsty !

Picture 8

Jimmy : Be careful, Professor !

Picture 9

Alice : Where's professor Crackpot ? – **Jimmy :** In the fountain. – **Alice :** Oh, he's very thirsty ! – **Polly :** Very thirsty... very thirsty...

Lesson five

Pictures 2-3

Professor : Oh, I'm sorry. – **Old man :** Agh, children ! – **Professor :** I'm not a child. – **Polly :** I'm not a child... I'm not a child...

Picture 4

Old Man : Well, how old are you ? – **Professor :** I'm 52. How old are you ?

Picture 5

Old Man : I'm 99. – **Professor :** Oh, really ! – **Polly :** 99... 99... 99...

Picture 6

Jimmy : Oh, hello, mum ! – **Professor :** And where are you from ? **Old Man :** I'm from Australia.

DIALOGUES

Picture 7

Jimmy : Professor !!! – **Professor** : Terribly sorry ! I'm Professor Crackpot. – **Old Man** : My name's Anthony Adams.

Picture 8

Old Man : Where are you from ? – **Jimmy** : Look ! – **Old man** : Oh, you're English ! – **Professor** : No, I'm not English.

Picture 9

Old Man : Of course, you're Scottish ! And you're from Edinburgh.

Picture 10

Professor : No, I'm not. I'm from Inverness, near Loch Ness. – **Polly** : Loch Ness... Loch Ness...

Lesson six

Picture 1

Jimmy : Professor ! You're covered in spots ! – **Professor** : Oh no ! What colour are they ? – **Jimmy** : Red. – **Professor** : Red spots. Dear me !

Picture 2

Doctor : Take the blue pills with breakfast, the green pills with lunch and the yellow pills with dinner. – This is very important.

Picture 3

Professor : Half past twelve. Time for the blue pills. **Jimmy** : No, Professor, the green pills.

Picture 5

Professor : Perhaps the yellow pills. – **Jimmy** : No, Professor, the green pills. – **Professor** : Ok. You're right.

Picture 6

Jimmy : Look, Professor ! – **Professor** : Oh, it's horrible ! – **Polly** : Horrible... Horrible... Horrible... – **Professor** : Where's the téléphone ?

Picture 8

Doctor : 876543... Dr. Jones Speaking. – **Professor** : Oh, doctor Jones. It's very strange. There are red triangles and rectangles on my face. – **Doctor** : Ok, Come quickly !

Picture 9

Teacher : Good afternoon. – **Jimmy** : Good afternoon, Miss. Professor, this is Miss Pi, my maths teacher. – **Teacher** : Good afternoon... Oh, Professor, there are... **Professor** : I know – **Teacher** : Come with me !

Picture 10

Teacher : There's a triangle on his nose and there are two rectangles under his eyes.

Lesson seven

Picture 1

Jimmy : Look at my new shoes ! – **Professor** : Really ! How many have you got ? – **Jimmy** : Two, of course !

Picture 2

Professor : Oh, yes, I'm silly ! – **Polly** : Professor Crackpot is silly... Professor Crackpot is silly... – **Jimmy** : They are magic shoes. – **Professor** : That's interesting.

Picture 3

Professor : I like your shoes, Jimmy. – **Jimmy** : And I've got a computer... – **Professor** : What ? A computer ? Where is it ? – **Jimmy** : At home. I play computer games every day. And I've got a bike, a tennis racket, a pair of skis...

Picture 4

Professor : A pair of skis ? – **Jimmy** : Yes, we go skiing on the clouds on Saturdays and Sundays. – **Polly** : Very strange... very strange...

Picture 5

Jimmy : I've got a watch, too. It's my birthday today. – **Professor** : Happy birthday, Jimmy ! Well... I've got a present for you. It's a plane, but it's got a problem !

Pictures 6-7

Jimmy : It doesn't matter ! It's not important. I've got an idea ! Look ! – **Professor** : This is a good idea !

Picture 9

Jimmy : Hey, look, everybody ! We've got a new satellite ! – **Professor** : Help ! Help ! – **Polly** : Professor Crackpot is silly... Professor Crackpot is silly...

Lesson eight

Picture 1

Alice : Whose case is this ? – **Jimmy** : It's the Professor's.

Picture 2

Jimmy : I don't understand. Whose case is that ? – **Alice** : Perhaps it's Polly's. – **Jimmy** : I don't think so. Polly hasn't got a case !

Picture 3

Professor : Bye Bye, children. Oh, thank you, thank you very much. – **Children** : We want to come. We want to come. – **Professor** : I'm sorry, it's impossible.

Picture 4

Jimmy : Professor, have you got two cases ? – **Professor** : No, I haven't.

Picture 5

Professor : Whose hat is this ? – **Jimmy** : And whose pullover is that ? – **Alice** : And whose boomerang is this ? – **All three** : Of course, it's Anthony's. Anthony, where are you ?

Pictures 6-7

Anthony : I'm here. I want to go home too. Do you want to take me ? – **Professor** : All rigth ! I understand. – **Polly** : I want to go home... I want to go home...

Picture 8

Professor : Good bye, everybody ! – **Polly** : Bye – bye – bye – bye... – **Jimmy** : See you soon.

Crédits Iconographiques

P. 12 : de haut en bas, Ph. © F. Le Diascorn/Rapho
Ph. © Jean-Michel Leligni
Ph. © F. Le Diascorn/Rapho
Ph. © Pratt-Pries/Diaf

P. 13 : de haut en bas, Ph. © David Ball/Diaf
Ph. © Xavier Testelin/Rapho
Ph. © Ed. Berlitz/Rapho
Ph. © J. Ch. Pratt D. Pries/Diaf

P. 21 : Queen Elizabeth Ph. © IP/Interpress
Prince Philip Ph. © A.F.P./Photo
Prince Edward Ph. © IP/Interpress
Prince Andrew Ph. © IP/Interpress
Princess Anne Ph. © A.F.P./Photo
Prince Charles Ph. © IP/Interpress
Princess Diana Ph. © IP/Interpress
Beatrice Ph. © S. Jameson/GAMMA
Peter and Zara Ph. © Aasta/Interpress
William and Henry Ph. © A.F.P./Photo

P. 37 : en haut, à gauche, Ph. © Bernard Regent/DIAF
en haut, au milieu, Ph. © EDIPAC/RAPHO
en haut, à droite, Ph. © Benoit Pesle/Explorer
au milieu, à gauche,
Ph. © Jean-Pierre Couderc/Rapho
au milieu, à droite, Ph. © Ch. Errath/Explorer
en bas, à gauche, Ph. © EDIPAC/Rapho
en bas, à droite, Ph. © EDIPAC/Rapho

P. 45 : en haut, à gauche, Ph. © Paolo Koch/Rapho
en haut, au milieu, Ph. © T.H. Funk/Rapho
en haut, à droite, Ph. © Pratt-Pries/Diaf
au milieu, Ph. © Ben Simmons/Diaf
en bas, à gauche, Ph. © G. Boutin/Explorer
en bas, à droite, Ph. © Paolo Koch/Rapho

P. 53 : en haut, à gauche, Ph. © J. Ch. Pratt D. Pries/DIAF
en haut, à droite, Ph. © Weiss/Rapho
au milieu, à gauche, Ph. © J.M. Pechart/DIAF
au milieu, Ph. © Moisnard/Explorer
au milieu, à droite,
Ph. © Susan Mc Cartney/Rapho
en bas, à gauche, Ph. © David Ball/DIAF
en bas, à droite, Ph. © Michel Folco/DIAF

P. 61 : en haut, à gauche, Ph. © J.E. Pasquier/Rapho
en haut, à droite, Ph. © J. Ch. Pratt D. Pries/DIAF
en bas, à gauche, Ph. © Laurie Spartamm/Rapho
en bas, à droite,
Ph. © Anderson Fournier/Explorer

P. 69 : en haut, à gauche,
Ph. © J.Y. Ruszniewski/Tempsport
en haut, au milieu,
Ph. © Dimitri IUNDT/Tempsport
en haut, à droite,
Ph. © IUNDT-RUSZNIEWSKI/Tempsport
en bas, à gauche,
Ph. © Split Secund Leo Mason/Tempsport
en haut, au milieu,
Ph. © Laurie Warner/Tempsport
en bas, à droite,
Ph. © SPORTSCHROMF/Tempsport

P. 77 : en haut, à gauche, Ph. © Tovy ADINA/Explorer
en haut, à droite, Ph. © Charles Lenars/Explorer
en bas, à gauche, Ph. © D. Brack B.S./Rapho
en bas, à droite, Ph. © E. Renard/Tempsport
Petites photos de haut en bas
Ph. © Paolo Koch/Rapho
Ph. © Richard Nowitz/Explorer
Ph. © Charles Lenars/Explorer
Ph. © Sam C. Pierson/Explorer

Illustrateur : Jean-Claude Arnoux
Cartographie : Noël Meunier
Portées Musicales : J.B. Devillers
Documentaliste : Philippe Debeukaeler
Conception de la maquette : Bruno Loste

Conception de la couverture : Kubik
Illustration de la couverture : Jean-Claude Arnoux
Réalisation graphique et technique :
Françoise Gilles et Catherine Paies